W9-ACP-846

NIVEL

1

Las Hormigas

Melissa Stewart

NATIONAL GEOGRAPHIC

Washington, D.C.

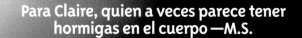

Para Claire, quien a veces parece tener hormigas en el cuerpo —M.S.

Derechos de autor © 2018 National Geographic Partners, LLC
Publicado por National Geographic Partners, LLC, Washington, D.C. 20036.
Todos los derechos reservados. La reproducción parcial o total del material sin el permiso escrito de la editorial está prohibida.

NATIONAL GEOGRAPHIC y Yellow Border Design son marcas registradas de National Geographic Society, usadas bajo licencia.

Libro en rústica ISBN: 978-1-4263-3226-5
Encuadernación de biblioteca reforzada ISBN: 978-1-4263-3227-2

Tapa, George B. Diebold/Corbis; arte de vocabulario (canasta), Diane Diederich/iStockPhoto; arte de vocabulario (hormiga), iStockPhoto; lupa, iStockphoto; 1, Mike Tan/Shutterstock; 2, Jason Edwards/National Geographic/Getty Images; 4-5, Christian Ziegler/Minden Pictures; 6-7, Stana/Shutterstock; 8, Mark Moffett/Minden Pictures; 10, Robert Sisson/National Geographic Creative; 11, De Agostini Picture Library/De Agostini/Getty Images; 12, Satoshi Kuribayashi/Nature Production/Minden Pictures; 13, Michael & Patricia Fogden; 14, Dong Lin, California Academy of Sciences; 16-18, Mark Moffett/Minden Pictures; 19, Koshy Johnson/Getty Images; 20-21, Meul/ARCO/Nature Picture Library; 21 (RECUADRO), George Grall/National Geographic Creative; 22 (IZQUIERDA), Ajay Narendra, Australian National University, Canberra; 22-23 (ARRIBA), Carlo Bavagnoli/Time Life Pictures/Getty Images; 22-23 (ABAJO), Mark Moffett/Minden Pictures; 23 (DERECHA), Mark Moffett/Minden Pictures; 24 (RECUADRO), Mark Moffett/Minden Pictures; 24, Piotr Naskrecki/Minden Pictures; 25, Frantisek Dulik/Shutterstock; 26, Christian Ziegler/Minden Pictures; 26 (RECUADRO), Piotr Naskrecki/Minden Pictures; 28 (RECUADRO), injun/Shutterstock; 28, Clive S. Varlack; 30, Bob Blanchard/Shutterstock; 31, John La Gette/Alamy Stock Photo; 32, Mark Moffett/Minden Pictures

National Geographic apoya a los educadores K-12 con Recursos del ELA Common Core.
Visita natgeoed.org/commoncore para más información.

Impreso en los Estados Unidos de América
18/WOR/1

R0453920180

Tabla de Contenidos

Hormigas en todos lados

¿Sabes cuántas hormigas hay en el mundo?

Más de **10.000.000.000.000.000.000**.

¡Son muchísimas!

Las hormigas viven en campos y bosques. También viven debajo de las veredas.

¡Están en todos lados!

¿Cómo se dice
10.000.000.000.000.000?
¡10 mil billones!

La hormiga es un insecto activo.

Su abdomen delgado le ayuda a doblarse y a arrastrarse en los túneles.

Sus seis patas fuertes se arrastran y se deslizan.

Con sus dos grandes ojos ve el mundo.

Con su mandíbula súper fuerte mastica y tritura.

Con sus antenas largas percibe y toca.

hormiga carpintera

Hormigas en casa

colonia de hormigas guerreras

Una hormiga. Dos hormigas. Tres hormigas. Cuatro hormigas. Si ves sólo una, seguro cerca habrá muchas más.

Las hormigas viven en grupos grandes. Un grupo de hormigas se llama colonia.

PALABRAS MASTICABLES

COLONIA: Un grupo de hormigas que viven juntas. Algunas colonias contienen millones de hormigas.

Una colonia de hormigas vive en un nido.

La mayoría de las hormigas construye sus nidos debajo de la tierra.

Un nido de hormigas está lleno de túneles.

Cada túnel termina en una pequeña habitación.

hormiga bulldog
en un túnel

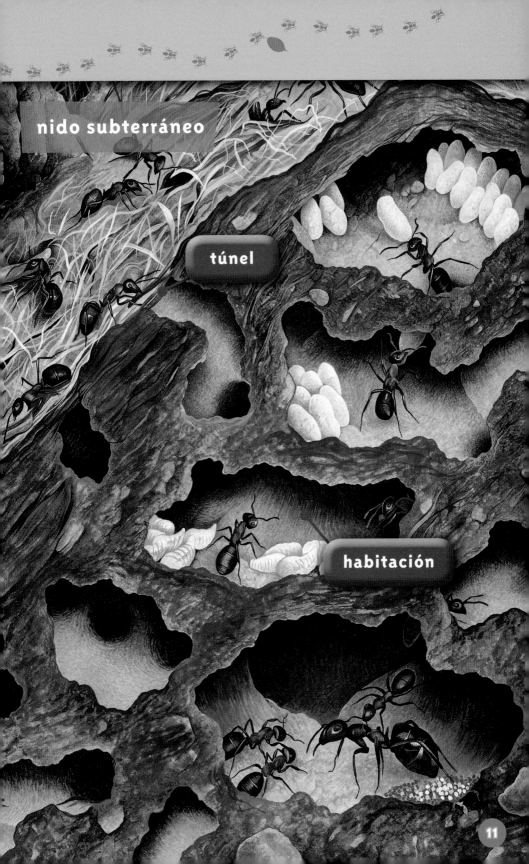

nido subterráneo

túnel

habitación

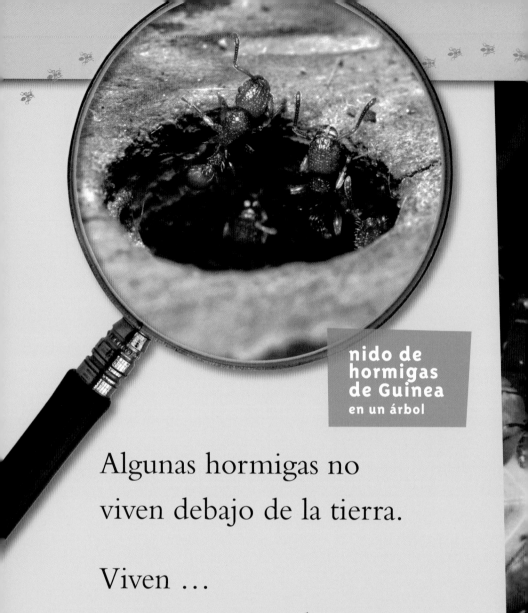

nido de hormigas de Guinea en un árbol

Algunas hormigas no viven debajo de la tierra.

Viven …

… entre espinas huecas.

… entre rocas.

… adentro de árboles podridos.

… en nidos hechos de hojas.

hormigas tejedoras

El Hombre Hormiga

Brian Fisher es científico.

Busca nuevos tipos de hormigas.

Algunas personas le llaman

"El Hombre Hormiga."

Dr. Fisher ha encontrado más de 800 nuevos tipos de hormigas.

¡Y quiere encontrar aún más!

La vida de la hormiga

reina

hormiga
cuidando
sus pupas

La reina es la hormiga más grande de
la colonia. Pone huevos todo el día.

Cuando estos huevos se rompen,
aparecen pequeñas larvas.
Parecen gusanos.

hormigas aztecas

huevo

PALABRAS MASTICABLES

LARVA: La segunda fase de vida de muchos insectos. La larva pasa la mayoría de su tiempo comiendo y creciendo.

PUPA: La tercera fase de vida de muchos insectos. Algunas hormigas pupas se encuentran dentro de un capullo.

Comen y comen y comen.

La larva se convierte en pupa. La pupa no se mueve. La pupa no come. Después de varias semanas, se convierten en hormigas adultas.

Hormigas trabajadoras

La mayoría de las hormigas en una colonia son trabajadoras. Todas las hormigas trabajadoras son hembras.

Dentro del nido

Unas hormigas trabajadores construyen túneles nuevos. Otras cuidan los huevos, la larva y la pupa.

hormiga bulldog

larvae

hormigas tejedoras

hormigas trabajadoras

Muchas hormigas comen otros insectos.

Fuera del nido

Algunas hormigas trabajadoras buscan comida. Otras protegen el nido.

Hormigas con alas

hormiga jardinera

hormigas carpinteras con alas

Algunas hormigas de la colonia tienen alas. Unas son hembras. Otros son machos.

Las hormigas con alas vuelan del nido.

Construyen nuevas colonias.

Hormigas superhéroes

Hormiga acuática

La hormiga acuática vive en Australia. Puede nadar, sumergirse y también vivir debajo del agua.

Mamá Maravilla

Mamá Maravilla es una hormiga africana. Pone cincuenta millones de huevos por año.

Hércules

Hércules es una hormiga bulldog. Puede levantar más de veinte veces su peso.

La Mejor Masticadora

La Mejor Masticadora es una hormiga de mandíbula trampa. Muerde más rápido que cualquier animal del mundo. Puede cerrar la mandíbula con una velocidad de 145 millas por hora.

¿Qué hay para cenar?

La mayoría de las hormigas atrapan y comen otros insectos. Algunas hormigas comen animales muertos. Las hormigas cortadoras de hojas cultivan su propia comida. Tienen jardines de hongos dentro del nido.

hormigas cortadoras de hojas y un jardín de hongos

pulgón

PALABRAS MASTICABLES

HONGO: Un ser vivo que no es ni planta ni animal. Los champiñones son hongos.

Muchas hormigas cuidan a los pulgones. Los pulgones son pequeños insectos que producen una sustancia dulce que les gusta a las hormigas. ¡Delicioso!

hormigas guerreras

Las hormigas guerreras buscan comida todos los días. La colonia parece una alfombra en movimiento.

Las hormigas guerreras pican y muerden todo lo que encuentran. Pueden matar insectos, arañas, lagartijas y pájaros pequeños.

Una colonia de hormigas guerreras puede ser tan ancha como una calle y tan larga como una cancha de fútbol.

hormigas de fuego

Las hormigas guerreras no son las únicas que pican y comen a los animales.

Las hormigas de fuego tienen un veneno que inyectan en otros insectos, en animales y también en las personas.

Este veneno deja una sensación de quemadura en su víctima. Por eso se llaman hormigas de fuego.

Existen más de 280 diferentes tipos de hormigas de fuego.

¡Vivan las hormigas!

Las hormigas son una parte importante de nuestro mundo. Sirven de comida para otros animales. Los pájaros, las ranas y las arañas comen hormigas. También los monos y los cerdos hormigueros.

Cuando las hormigas construyen sus túneles, mezclan la tierra. Las plantas crecen mejor en tierras donde viven las hormigas.

Las hormigas cortadoras de hojas desentierran gran cantidad de tierra cuando construyen su nido. Los científicos pesaron la tierra que una colonia desenterró. ¡La tierra tuvo el mismo peso que seis elefantes!

COLONIA
Un grupo de hormigas que viven juntas

HONGO
Un ser vivo que no es ni planta ni animal

LARVA
La segunda fase de vida de muchos insectos

PUPA
La tercera fase de vida de muchos insectos